LE CONVALESCENT DE QUALITÉ,

OU

L'ARISTOCRATE.

COMÉDIE.

LE CONVALESCENT DE QUALITÉ,

OU

L'ARISTOCRATE.

COMÉDIE

EN DEUX ACTES ET EN VERS,

Par P. F. N. FABRE D'ÉGLANTINE.

REPRÉSENTÉE *pour la premiere fois au Théâtre Français, dit la Comédie Italienne, le 28 Janvier 1791.*

A PARIS,

Chez la Veuve DUCHESNE & Fils, Libraires, rue Saint Jacques, N°. 47.

1791.

PERSONNAGES.

LE MARQUIS D'APREMINE, Aristocrate.

MATHILDE, fille du Mis, Chanoinesse.

UN MÉDECIN.

RICHARD, Intendant du Marquis.

GAUTHIER, Propriétaire Campagnard.

GAUTHIER fils, Commandant de Bataillon de la Garde Nationale Parisienne.

UN SECRÉTAIRE du Marquis.

BERTRAND, Créancier du Marquis.

UN HUISSIER.

UN LAQUAIS, parlant.

LAQUAIS, du Marquis.

La Scène est à Paris, dans l'Hôtel du Marquis.

DE L'IMPRIMERIE DES FRERES BARBOU.

LE CONVALESCENT DE QUALITÉ.
OU L'ARISTOCRATE.

Sic oculos, sic ille manus, sic ora ferebat.

Virg. Æn. lib. III.

Il voyoit, agissoit, parloit de cette sorte.

ACTE PREMIER.

SCÈNE PREMIERE.

LE MÉDECIN, RICHARD.

LE MÉDECIN.

QUE m'apprenez-vous là, Monsieur Richard ? cet homme
Veut donc mourir ?

RICHARD.

Monsieur, je veux que l'on m'assomme

A

Si je n'ai mis en jeu l'adreſſe & la raiſon,
Pour qu'il gardât la chambre ou du moins la maiſon;
Rien ne me réuſſit ; il veut ſortir vous dis-je.

LE MÉDECIN.

C'eſt un homme perdu. Vraiment cela m'afflige.
Je ſuis ſon Médecin ; j'ai le droit de blâmer,
Cette imprudence là : vouloir ſe gendarmer
Contre mes bons avis & franchir ſa clôture !
Il ſe fait plus de tort qu'il ne croit, je vous jure;
Il falloit faire en ſorte. . . .

RICHARD.

Eh ! que n'ai-je pas fait!
« Vous perdez le bon ſens & l'eſprit tout-à-fait,
» Lui diſois-je » Monſieur ; Ecoutez-moi de grace,
» Attendez ſeulement que cet hyver ſe paſſe.
» Quoi ! Monſieur le Marquis, ne vous ſouvient-il plus
» Combien pendant deux ans par la goutte perclus
» Vous fûtes en danger ? un mouvement de bile
» Rendoit la guériſon encor plus difficile.
» Si votre Médecin jugea très-à-propos
» D'établir en votre ame un abſolu repos;
» Si pour effectuer ce repos néceſſaire,
» Il vous recommanda de vivre ſolitaire,
» De reſter enfermé dans votre appartement,
» De n'y communiquer qu'avec moi ſeulement
» Et qu'avec lui. . . . »

LE MÉDECIN.

Sans doute.

RICHARD.

« Enfin ſi la prudence
» M'ordonna de veiller avec perſévérance
» Autour de vous, afin d'en chaſſer avec ſoin
» Toute occupation & pour vous tenir loin
» De tout ce qui pourroit ſe paſſer dans le monde :
» C'eſt qu'il connoît fort bien votre humeur furibonde.
» C'eſt qu'il craint. . . . »

LE MÉDECIN.

Mais vraiment c'eſt pour cette raiſon
Que je l'ai retenu hors de cette maiſon
Depuis deux ans paſſés ; que dans cette Campagne,
Qu'il a dans les forêts, au pied d'une montagne,
Je l'ai fait demeurer depuis ce même tems,
Pour qu'il y fût en paix & loin des mécontens,
Qui n'auroient pas manqué de lui brûler la bile,
Et le voilà morbleu ! de retour à la ville !
A Paris ! depuis quand ?

RICHARD.

Depuis hier.

LE MÉDECIN.
Ma foi
Dans huit jours il eſt mort.

RICHARD.
Comme vous je le croi.

LE MÉDECIN.

Des affaires du tems connoît-il quelque choſe ?

RICHARD.

Pas le mot. Lui parler de la métamorphofe,
Qui vient de s'opérer depuis quinze ou vingt mois,
C'eut été lui plonger vingt poignards à la fois
Dans le plus vif du cœur.

LE MÉDECIN.

Il eft Ariftocrate?

RICHARD.

De Pere en fils.

LE MÉDECIN.

Jugez de cette difparate,
Si par ce qui m'arrive il faut jugér de lui !
Monfieur Richard, le bien qui s'opere aujourd'hui,
Me donne un air vermeil, ma foi, qui fait envie ;
Je ne me fuis jamais mieux porté de ma vie,
Je fuis bon Citoyen au moins : la Liberté
Eft un régime doux & fûr pour la fanté ;
La révolution nuit à la médecine ;
Il n'importe ; mais lui, le Marquis d'Apremine !
Haut-&-puiffant-Seigneur, Defpote habitué
Au jeu, que fes pareils ont fi long-tems joué,
Que va-t-il devenir ? il en perdra la tête.

RICHARD.

Par fon début déja je prévois la tempête.
Furieux de fe voir contrarier fi fort
Sur le projet qu'il a de s'échapper ; d'abord
Il a chaffé fes gens ; c'eft une chofe faite.
Hier il m'ordonna de faire maifon nette :
Et depuis ce matin tout eft nouveau céans ;

Secrétaire, Cocher, Laquais petits & grands ;
Moi seul enfin de tous je reste à son service.
Voici le pis, il vient d'ordonner à son Suisse,
Estafier qui n'entend ni rime ni raison,
D'ouvrir à tout venant sa porte & sa maison.

LE MÉDECIN.
Ma foi ! tant mieux.

RICHARD.

Comment ?

LE MÉDECIN.

                    Oui, tant mieux, je vous jure,
Puisqu'il veut après tout en courir l'aventure,
J'aime mieux qu'en un jour & sans précaution,
Il apprenne en entier la révolution.
Recevant coup-sur-coup les traits qui le menacent,
L'effet en sera prompt ; les grandes douleurs passent.
Au lieu que pas-à-pas en son propre intérêt,
S'il éprouvoit, du tems, l'ascendant indiscret,
Ce détail ajoutant sa colere à sa peine,
Il feroit dans la tombe au bout de la semaine.
Qu'il en fasse à sa tête au reste, il est perdu ;
Je le vois ; mais au moins j'ai fait ce que j'ai dû.
Je ne veux pas le voir maintenant ; dans une heure
Je reviendrai ; d'ailleurs vous savez ma demeure.
                              (Il sort.)

SCÈNE II.

RICHARD, *seul.*

HUM ! hum ! je ne fuis point de même avis que lui ;
Mon embarras n'eft pas médiocre aujourd'hui :
Autant qu'il fe pourra, je veux cacher encore
A Monfieur le Marquis les chofes qu'il ignore,
Et je rifquerois trop à lui parler fans fard.
Je fens bien cependant qu'il faudra tôt ou tard....

LE MARQUIS *en dedans.*

Hé ! ! ! ....

RICHARD.

Ma foi le voici qui querelle & qui gronde.

SCÈNE III.

LE MARQUIS *en robe de chambre & en bonnet de nuit,* RICHARD.

LE MARQUIS.

HÉ ! fonnez, Mons Richard, appellez tout mon monde ;
Je prétends voir mes gens.

RICHARD.

Monfieur, je dois

LE MARQUIS.

Sonnez.

Qu'eſt-ce à dire, Faquin, comment vous raiſonnez ?

RICHARD.

Non, Monſieur le Marquis, mais ſouffrez que je diſe
L'avis du Médecin : il redoute la criſe ...

LE MARQUIS.

Je ne redoute rien & je prétends ſortir.
Je m'ennuie après tout.

RICHARD.

De quoi ? de conſentir
Aux ſoins que nous prenons de votre ſanté chere ?
Attendez quelques jours encor, Monſieur, j'eſpere
Que votre guériſon poutra ſans me flatter....

LE MARQUIS.

Mon corps n'a qu'à guérir, je veux bien me porter.

RICHARD.

Sans contredit.

LE MARQUIS.

Sonnez. Et voyons ſi ma ſuite
A la tournure enfin, que je vous ai preſcrite.

RICHARD *avec un peu de dépit & comme contraint,
ſe retourne vers l'anti-chambre & crie.*

Hé ! les gens de Monſieur, entrez & rangez vous.

SCENE IV.

LE MARQUIS, RICHARD, LAQUAIS *dans le fond.*

LE MARQUIS *regardant avec sa loupe les Laquais sans livrée,*
& vêtus de différentes couleurs.

Quoi ! ce font là mes Gens ?

RICHARD.

Monfieur , les voilà tous.

LE MARQUIS.

Et d'où vient, s'il vous plaît, qu'ils n'ont pas ma livrée ?

RICHARD *embarraffé.*

Monfieur. . . . C'eft que. . . .

LE MARQUIS, *la voix haute , aigre & tranchante ,* *comme dans prefque tout le rôle.*

Comment ?

UN LAQUAIS *hardiment & d'une voix de fauffet.*

La Loi l'a déchirée.

LE MARQUIS.

Que dit-il ?

RICHARD.

Il veut dire , en termes finguliers
Que leurs habits étoient pour aller aux pilliers,
Qu'ils étoient vieux , ufés. . . .

LE MARQUIS.

Mons Richard , je vous charge
D'en avoir de nouveaux ; que le galon soit large.

(*Les Laquais se mettent à rire entr'eux.*)

RICHARD, *fierement aux Laquais.*

Soyez, devant Monsieur, respectueux, soumis;

LE MARQUIS.

Humbles, silencieux.

RICHARD.

Ils me l'ont tous promis.

LE MARQUIS, *les regardant encore,*

Ils ont un certain air d'assurance, qui choque.
J'entends que mon aspect, lui seul, les interloque;
Entendez-vous ?

RICHARD.

Croyez, lorsqu'ils seront au fait...

LE MARQUIS.

Derriere mon carrosse un air très-satisfait.

RICHARD *donnant dans son sens.*

Le front émerveillé de leur bonne fortune ?

LE MARQUIS.

Oui, fiers d'être échappés à la foule commune;
Sur-tout l'œil arrogant qui regarde en pitié ,
Là ces petites gens qui vont toujours à pié.
Ces avis sont de poids.

RICHARD.

Oh ! vraiment ils n'ont garde.

LE MARQUIS.

Que portent-ils là tous ? quelle eſt cette cocarde ?
Comment ! ce ne ſont point je penſe mes couleurs ?

RICHARD *embarraſſé.*

Monſieur... c'eſt une mode

LE MARQUIS.

A Paris.

Le même LAQUAIS *du même ton.*

Même ailleurs.

RICHARD *aux Laquais.*

Allons, ſortez. (*Ils ſortent.*)

SCENE V.

LE MARQUIS, RICHARD.

LE MARQUIS.

RICHARD ! au moins faites enforte
Qu'en grand nombre toujours ils ſoient à ma grand'porte.

RICHARD.

Malpeſte ! on en impoſe ainſi.

LE MARQUIS, *charmé d'être deviné.*

Sans contredit.
Ah ! vous me comprenez, vous avez de l'efprit.
(*Richard falue.*)
Je veux partir demain pour aller à ma terre.
D'Anjou.

RICHARD.

Permettez-moi, fans vouloir vous déplaire,
De vous en empêcher, l'air eft trop vif pour vous.

LE MARQUIS.

Eh ! bien, il changera.

RICHARD.

Quand il deviendroit doux,
Vous ne pouvez partir ; l'objet de ce voyage,
Eft d'aller promptement jouir de votre ouvrage ?
Vous voulez voir le parc & le jardin anglais
Que vous avez, Monfieur, commandés à grand frais ?

LE MARQUIS.

Précifément. Ainfi préparez ma voiture.

RICHARD.

Ces jardins ne font pas en état, je vous jure.
Pour aborder au parc, fera-t-on pour demain
Une lieue à-peu-près.de votre grand chemin ?
Il n'eft pas fait.

LE MARQUIS.

D'où vient ?

RICHARD.

Il faudroit par journée

Quatre cents ouvriers, pour qu'au bout de l'année
Ce chemin fût fini. Ces gens coûtent fort cher.

LE MARQUIS.

Vous me bercez toujours de vos contes en l'air.
Il falloit m'avertir d'un objet aussi mince.
A mon petit parent l'Intendant de Province,
Pourquoi ne pas écrire, afin qu'à ce chemin
Mille hommes, par corvée, aillent mettre la main ?
Il n'en coûterait rien & la chose irait vîte.

RICHARD.

On ne peut rien de mieux qu'une telle conduite :
Mais comment, sur ce point, me serois-je intrigué ?...

LE MARQUIS.

C'est moins que rien, un mot à son subdélégué.

RICHARD, *hésitant.*

Il faut' encor, Monsieur, que je vous avertisse
D'un fait. ...

LE MARQUIS.

Dépêchez donc, vous faites mon supplice.

RICHARD.

C'est de votre jardin anglois dont il s'agit,
L'ouvrage est resté là, c'est ce que l'on m'écrit.
On a, dans votre plan, compris la chenneviére
D'une certaine veuve, *Adrienne Merciere,*
Elle fait un procès aujourd'hui, pour prouver
Que de son bien, Monsieur, on ne peut la priver,

LE MARQUIS, *ricannant.*

Son bien ? à la bonne heure ! & puiſqu'elle réſiſte ;
On plaidera. Voyez, voyez mon féodiſte :
Nous partageons : dès lors que ce ſol me convient,
C'eſt à lui de prouver que ce ſol m'appartient.
Il eſt fort habile homme & j'en fais ſon affaire.
En attendant toujours prenez la chenneviére :
Elle importe beaucoup ?..,

RICHARD, *avec importance.*

C'eſt pour bâtir deſſus
L'hermitage, & je crois le temple de Vénus.

LE MARQUIS.

Bien ! .... allez.   (*Richard ſort.*)

SCÈNE VI.

LE MARQUIS, GAUTIER *pere, ſon vétement recouvert d'une large redingotte boutonnée.*

GAUTIER.

LE bon jour à Monſieur d'Apremine !
Comment va la ſanté ? Je juge à votre mine
Que vous ne mourrez pas encor de celle-ci :
Tant mieux ! vivez long-tems ! je le déſire ainſi.
La goutte eſt un fier mal, ſi j'en crois l'apparence.
Quant à moi juſqu'ici, l'utile tempérance,
Un exercice égal un travail bien réglé,

Ont tenu ce fléau de mon toît exilé.
Quoi qu'il en foit, je viens pour vous parler d'affaire.
Affeyons-nous, Monfieur. (*Il prend une chaife & la traîne.*)

LE MARQUIS, *d'une hauteur pincée.*

Il n'eft pas néceffaire.

GAUTIER.

Je viens de mon domaine à pied, vous jugez bien
Qu'il eft fort néceffaire, en tout cet entretien,
Que je m'affeye un peu : même aifance fans doute
Vous arrangera fort, car vous avez la goutte.

LE MARQUIS, *de même.*

La goutte ne fait rien, mais les égards beaucoup.

GAUTIER.

Les égards ne font rien où le befoin eft tout :
Et quand je fuis bien las j'ai befoin d'une chaife.

(*Il fait mine de s'affeoir en affurant fon fiége.*)

LE MARQUIS, *du même ton & un peu plus méprifant.*

Si je refte debout ? cependant

GAUTIER.

A votre aife.
Oh ! je ne prétends pas vous gêner, entre nous,
Vous êtes bien le maître & vous êtes chez vous. (*Il s'affied.*)
Or donc pour en venir à ce que je veux dire. . . .

LE MARQUIS, *ftupéfait, après s'être agité, s'approchant
& du même air.*

A qui parlai-je ?

Gautier, *assis*,

A qui ? je vais vous en inftruire.
Je me nomme François-Henri-Louis Gautier,
Citoyen, exercant l'eftimable métier
De faire profperer trois mille arpens de terre,
Dont fans devoir un fou je fuis propriétaire.
Lequel bien au-furplus en toute bonne foi,
Accru de pere en fils eft venu jufqu'à moi,
Depuis quatre cents ans on remonte l'époque
De Nicolas Gautier qui bâtit ma bicoque :
Elle eft un peu plus belle, en ce moment qu'alors ;
Mais j'y refte toujours mes ayeux y font mors,
Et je veux, vu le train des chofes qui fe paffent,
Que dans mille ans d'ici les Gautiers y trépaffent.
En quatre mots, voilà qui j'étois, qui je fuis ;
Ma qualité, mon bien, & ma vie & fes fruits.

Le Marquis, *en fauffet & d'un ton protecteur.*

Eh bien ! que me veux-tu Gautier ?

Gautier, *riant & fe levant.*

A ce langage
Je vous vois mon ami. Bon !

Le Marquis, *d'un air fier & brufque.*

Point de badinage.
Gautier, Monfieur Gautier vous oubliez je voi
Le refpect que l'on doit à des gens tels que moi,

Gautier.

Je manque de refpect ?

LE MARQUIS, *féchement.*

Oui beaucoup !

GAUTIER.

L'apparence

Puisque je viens pour faire avec vous alliance,
Demander pour mon fils , fils unique Matthieu,
Votre fille cadette en mariage....

LE MARQUIS.

O Dieu !

GAUTIER.

Comment donc ?

LE MARQUIS, *s'agitant.*

Qu'elle horreur !

GAUTIER.

Et que voulez-vous dire.

LE MARQUIS.

Sors de chez moi, Faquin,

GAUTIER.

Allons vous voulez rire.

LE MARQUIS, *vers l'antichambre.*

Holà ! mes gens, à moi ! mes gens, mes gens, Holà !
(*Les Laquais entrent.*)
Qu'on me chaffe cet homme. (*Ils héfitent , il les pouffe.*)
Allez vîte.

GAUTIER , *fe retranchant & fe campant fur fon bâton
en enfonçant fon chapeau.*

Alte-là ,
Voyons

Voyons qui d'entre vous aura cette infolence ?
(*Il ouvre fa redingote & montre à découvert fon habit national.*)
Regardez cet habit.   (*Les Laquais s'enfuient.*)

LE MARQUIS.

Mais ils font fous, je penfe.
Rentrez poltrons , rentrez.

GAUTIER , *affirmativement au Marquis.*

Ils ne rentreront pas,
Et je vous en réponds. De pareils attentats
Sont indignes , Monfieur, d'un brave & galant homme.
De quel droit pouvez-vous , fi ?...

LE MARQUIS, *criant & s'agitant.*

Je fuis Gentilhomme.

GAUTIER.

Eh ! qu'importe ?

LE MARQUIS.

Marquis ! homme de qualité !

GAUTIER.

A la bonne heure.

LE MARQUIS.

Il faut être bien effronté...

GAUTIER.

En quoi donc ? de venir demander votre fille ?
Eh bien ! quand on rejette une honnête famille ,
Un honnête refus fuffit , Monfieur, je croi
Qu'il n'eft que les coquins qu'on chaffe de chez foi.

B

Au refte j'oublierai cette infulte infenfée ;
Mon fils m'eft cher, lui feul occupe ma penfée,
Il aime votre fille, il en eft eftimé. . . .

LE MARQUIS.

Lui ?

GAUTIER.

Je puis dire plus, c'eft qu'il en eft aimé.

LE MARQUIS.

Cela ne fe peut pas , ma fille eft Demoifelle :
Aimer un roturier !

GAUTIER.

L'amour feroit nouvelle
En effet. Au furplus j'approuve cet amour ,
Je n'y renonce pas , voyez à votre tour.
Comme je ne fais rien qui ne foit légitime ,
Agir ouvertemeut fut toujours ma maxime. (*d'un ton décidé.*)
Je vous en préviens donc ; j'idolâtre mon fils.
Tous les moyens, Monfieur, qui me feront permis
Non pas par vos erreurs, ni par votre nobleffe,
Mais par les loix de France & ma délicateffe,
Pour faire un mariage heureux & défiré ,
J'en faurai faire ufage & je les employerai. (*Il fort.*)

SCÈNE VII.

LE MARQUIS, *seul.*

Par exemple, voilà le comble de l'audace !...
M'infulter ?... me manquer ?... que faut-il que je faffe ?...
Fort bien !... L'autorité : fans doute. Tu vas voir
Comment on fait rentrer un Drole en fon devoir.
   { *Il prend la fonnette qui eft fur la table en forme de*
   { *Bureau à fa gauche, il fonne, un Laquais vient.*
Mon Secrétaire... il dit, il prétend que ma fille...
Nous verrons ; car ceci n'eft point une vétille.
C'eft un projet affreux... à reculer d'horreur,
Qu'il faut punir foudain. (*Il fonne.*)

SCÈNE VIII.

LE MARQUIS, UN LAQUAIS.

Le Laquais.

Que vous plaît-il, Monfieur,

Le Marquis.

Richard, mon Intendant. (*Le Laquais fort.*)

SCENE IX.

LE MARQUIS, *seul*

S I de cette bassesse
Je la trouvois... fi donc !... oh ! ... une Chanoinesse.

SCÈNE X.

LE MARQUIS, RICHARD.

LE MARQUIS.

R ICHARD ! allez chercher ma fille en son Couvent.

RICHARD.

Laquelle ?

LE MARQUIS.

La Cadette, allez, & dans l'instant
Qu'on me l'amene ici. (*L'Intendant fort & le Secrétaire entre.*)

SCÈNE XI.

LE SECRÉTAIRE, LE MARQUIS,

LE SECRÉTAIRE.

J E suis le Secrétaire
De Monsieur le Marquis.

LE MARQUIS.

Vous m'êtes néceſſaire.
Vîte mettez-vous là.

(*Le Secrétaire s'aſſied au Bureau pour écrire.*)
Fort bien, petît papier,
Point de marge, à la ligne... hum! le nommé Gautier,
(*Il diĉte, & le Secrétaire répete le dernier mot de chaque phraſe.*)

» Le nommé Gautier, homme de campagne, vient
» Monſieur....   (*Il s'interrompt.*)

Hé! que faites-vous donc? la bévue eſt inſigne;
Ne mettez, le *Monſieur*, qu'à la ſeconde ligne. (*Il reprend.*)

   » Le nommé Gautier, homme de campagne, vient,
» Monſieur, de me manquer d'une maniere outra-
» geante — *outrageante*. — C'eſt chez moi, & en face
» de moi qu'il s'eſt permis les excès les plus criminels
» — *criminels*. — Le fils de cet homme a pouſſe la
» démence juſqu'à parler d'amour à Madame la Cha-
» noineſſe ma fille — *ma fille*. — Je vous prie de m'en-
» voyer ſans retard une Lettre-de-cachet..... »

LE SECRÉTAIRE, *avec étonnement.*
Que faites-vous, Monſieur, daignez conſidérer.

LE MARQUIS, *avec dédain.*
Que ce n'eſt pas à vous, Monſieur, à m'éclairer.

LE SECRÉTAIRE.
Sur ce point cependant, oſerai-je vous dire...?

LE MARQUIS, *impérieuſement.*
Rien, Monſieur, rien du tout, vous ne devez qu'écrire,
                              il continue

» une Lettre-de-cachet, pour faire mettre en lieu sûr,
» ces deux hommes-là. J'attends ce service de votre
» extrême bonté — *EXTRÊME BONTÉ !...* — Vous
» savez avec quel attachement, ... je suis... Monsieur,
» votre...très-humble...& très...obéissant... serviteur.»

(*Le Marquis signe.*)

LE SECRÉTAIRE.

Monsieur,

LE MARQUIS, *le dédaignant.*

Pliez la Lettre, & mettez le-dessus.
» A Monsieur le Lieutenant-général de Police....

LE SECRÉTAIRE, *impatienté.*

Je vous le disois bien, vos soins sont superflus,
Je commence à rougir de me voir si docile.
Les Lettres-de-cachet sont, Monsieur, du vieux stile;
Vous n'en obtiendrez pas.

LE MARQUIS, *avec hauteur.*

Laissons les entretiens.
C'est la trente-septiéme en un mot que j'obtiens,
Et pour moins que cela. Vous devez donc comprendre...

LE SECRÉTAIRE.

Que vous n'en aurez point, Monsieur, daignez m'entendre;
Et quant au Lieutenant à qui vous écrivez,
Vous me surprenez fort.

LE MARQUIS.

Mon ami, vous rêvez,
Et d'où venez-vous donc ? de l'Angleterre ? j'aime
Votre moralité.

Le Secrétaire, *avec humeur & se levant.*

D'où venez-vous, vous-même,
Monsieur le Marquis ?

Le Marquis, *avec hauteur.*

Quoi ! qu'est-ce à dire ? comment !
Vous me manquez.

Le Secrétaire, *avec une dignité flegmatique.*

Manquer ! . . . non, Monsieur, nullement.
Mais lorsqu'un bon Français, soit foiblesse ou méprise,
A le malheur d'écrire une telle sottise :
Tout inutile, enfin, que soit un tel papier,
C'est un crime. (*Il déchire la Lettre & la jette sur la table.*)
Et voilà comme il doit l'expier.

(*Il sort.*)

SCÈNE XII.

LE MARQUIS, *seul.*

Insolent ! Malheureux. . . . hors de chez moi ! je jure
De glisser au Ministre un mot de cette injure.
Tu verras leur colere, & que sur ce sujet
Ils ne plaisantent pas, . . . si ce n'est en sécret. . . .
C'est de Londres qu'on tient ces coupables fadaises ;
Vous verrez qu'il en vient, ou des îles anglaises.
On devroit ruiner ces malheureux pays,
Où la canaille a droit de dire son avis.
Il n'est rien, si les Rois vouloient un jour s'entendre
Qu'à tout le genre humain ils ne pussent défendre :

Que nous ferions heureux, nous alors ! en effet
Rien ne feroit plus jufte, & plus fage, & mieux fait
Que d'affervir la terre & fur-tout la françaife ,
Pour nos menus plaifirs , & nous mettre à notre aife.

(*Comme il va pour fortir il trouve l'interlocuteur fuivant fur fes pas.*)

SCÈNE XIII.

LE MARQUIS, BERTRAND.

BERTRAND, *homme brufque , fans infolence ,*
mais fans politeffe.

AH ! Monfieur le Marquis , je vous trouve à la fin ;
Après un fi long-tems vous vous montrez enfin !
Eft-ce affez , dites-moi , faire attendre un pauvre homme
A qui vous retenez une auffi forte fomme ?
Si je m'étois douté de cela , non, morbleu !
Je n'aurois pas acquis & joué fi gros jeu.
Comment , moi Créancier pour vous rendre fervice...

LE MARQUIS.

Appaifez-vous , Bertrand.

BERTRAND.

Oh ! de cette malice
Je fuis dupe une fois ; mais vienne qui voudra ,
Je réponds déformais....

LE MARQUIS.

Allons , il fe taira.

BERTRAND.

C'eſt une conſcience. (*ſe frappant la téte.*) Inſenſé ! Miſérable !
Quand donc ſeras-tu las d'être ſi ſerviable !
A l Hôpital, Benêt !

LE MARQUIS.

Paix ! paix ! entendons-nous.

BERTRAND.

Me voilà ruiné.

LE MARQUIS.

Bertrand, aſſeyez-vous.

BERTRAND.

Je ne veux pas m'aſſeoir ; toutes ces politeſſes
Ne font pas mon affaire. Il me faut des eſpéces.

LE MARQUIS.

Savez-vous, mon ami, que vous êtes chez moi,
Et que vous me manquez ?

BERTRAND.

Je vous manque ? ma foi !
Je vous ſuis obligé. Dites-moi, je vous prie,
Quand vous vîntes chez nous, que j'eus la duperie
D'épouſer, en un bloc, trente-ſept Créanciers,
Qui tous faiſoient arrêt aux mains de vos fermiers ;
Qu'en vous en délivrant, en un jour, ſur mes livres,
Je vous couchai, Monſieur, pour deux cent mille livres ;
Je ne vous manquai point ? voilà le grand merci !
Mais au fait, je verrai la fin de tout ceci.
Je veux être payé.

LE MARQUIS.

Vous le ferez fans doute,
Je fais bien à-peu-près, tout ce que je vous coute.
Mais vous favez auffi, malgré ce grand courroux,
Quel fut l'arrangement, alors pris entre nous ?

BERTRAND.

Chanfons ! que tout cela.

LE MARQUIS.

Mais vous perdez la tête.
Mais Bertrand autrefois vous étiez doux, honnête.

BERTRAND.

J'étois comme j'étois ; il a paffé vraiment
Bien de l'eau fous le pont depuis l'arrangement.

LE MARQUIS.

Non, non, rien n'eft changé ; je fuis toujours le même.
Mon amitié pour vous eft je puis dire extrême,
Et je tiendrai parole. Arrangeons nous, voyons.
Voici donc, ce me femble, à quoi nous en étions.
Vous avez trois enfans, deux garçons, une fille,
Un neveu....

BERTRAND.

Brrd ! oh ! bien, s'il faut que ma famille
Attende....

LE MARQUIS.

Paix, Bertrand, & laiffez-moi parler,

BERTRAND.

Eh ! non, déjà je vois où vous voulez aller.

LE MARQUIS, *avec impatience & hauteur.*

Laiſſez-moi donc finir, eſt-ce ainſi qu'on abuſe ?...

BERTRAND.

Mon Dieu ! je le veux bien ſi cela vous amuſe,
Mais vous prêchez un ſourd.

LE MARQUIS.

Point du tout, vous verrez.
N'étions-nous pas d'accord, & vous en conviendrez,
Qu'à l'aîné de vos fils, par le crédit immenſe
Des trois nouveaux parents que j'ai dans la Finance,
Je ferois obtenir une direction
Des fermes en Champagne, avec condition
Que le poſte vaudroit ſix mille écus de rente,
Sans le tour du bâton ? l'affaire eſt excellente !
Voilà l'aîné placé. Quant à votre cadet,
Que j'ai vu ſi joli ſous le petit collet,
Nous ſommes convenus, que ma ſœur la Baronne,
Dont le crédit peut tout ſur certaine perſonne,
Le nommeroit bientôt, vu le ſoin que je prends,
Au Prieuré d'Evron qui vaut ſix mille francs.
Votre fille, qui doit, comme je le préſume,
Epouſer l'an prochain, certain homme de plume,
Doit lui porter en dot deux mille écus auſſi
De rente ſur la Caiſſe établie à Poiſſy.
Il nous reſte un neveu, qui, ſur la Loterie,
Doit obtenir un bon, lequel, je le parie,
Lui vaudra tous les ans mille écus pour le moins.
Et vous qui ne pouvez avoir perdu vos ſoins,
Je vous ferai toucher, malgré votre fortune,
Cent louis chaque été ſur le clair de la Lune.

BERTRAND.

Cent louis chaque été ?

LE MARQUIS.

C'eſt quand il me plaira ;
Calculez maintenant ce qui vous reviendra
Des revenus nombreux que ma faveur vous donne,
Et convenez au moins, d'une ame franche & bonne
Vos deux cents mille francs payés & rabattus,
Que vous me redevez encor cent mille écus.

BERTRAND.

Je ſuis déſeſpéré, car la perte eſt funeſte,
De ne pouvoir, Monſieur, vous rendre votre reſte.

LE MARQUIS.

Je vous en fais préſent, nous reſterons amis.

BERTRAND.

Non pas ; mes intéréts ſeroient trop compromis.
Voila donc votre compte ?

LE MARQUIS.

Il eſt clair & ſolide.

BERTRAND.

Très-ſolide : or voici le mien qui me décide.
A bien juger du temps & de l'air du bureau,
La raiſon a réduit vos calculs à zéro.
Votre direction ſur les Fermes au Diable !
Les Fermiers maigriront, rien de plus équitable.

Vos emplois de Finance, ailleurs, tout comme ici,
Je n'en donnerois pas douze fols, Dieu merci !
Et quant au Prieuré, pour de tels Bénéfices,
Mon fils n'a pas le tems de dire des Offices;
Et bref, à la tonfure il a fait fes adieux ;
Il eft brave Soldat, & cela lui va mieux.
Ainfi tout calculé, daignez prendre la peine
De repondre en argent au deffein qui m'améne.
Mes deux cent mille francs ; je les veux, ou finon
Vos biens feront faifis, ou j'y perdrai mon nom.

LE MARQUIS.

C'en eft trop à la fin, mon ame complaifante
A bien voulu fouffrir cette humeur imprudente....

BERTRAND.

Quand on ne payra pas les dettes que l'on fait,
Il en faudra fouffrir bien d'autres, s'il vous plaît.

LE MARQUIS, *menaçant.*

Sais-tu bien, que qui veut fe jouer à fes Maîtres,
Court rifque de fauter enfin par les fenêtres ?

BERTRAND.

Mes Maîtres ? eft-ce vous.

LE MARQUIS.

    Oui, nous te l'apprendrons.

BERTRAND.

Ah ! ah ! faifi demain.

LE MARQUIS.

Ah ! faifi , nous verrons.
Je voudrois bien favoir quel huiffier affez bête ,
Affez audacieux, quel Juge mal-honnête
Quel Procureur enfin affez fot , étourdi
Feront exécuter le projet que tu di ?
Mon Gendre eft Préfident à Mortier.

BERTRAND.

Je m'en moque
J'ai Sentence, & mes Gens.

LE MARQUIS.

Toi, drôle ! je t'évoque
Au Confeil pour la vie.

BERTRAND.

Et moi mieux que cela ,
Sur le Pont Saint Michel (*), & tirez vous de-là.

LE MARQUIS, *hors de lui.*

Infolent ! fors, faquin....

BERTRAND, *outré.*

Si je n'ai pas ma fomme,
Que plutôt.... & cela s'appelle un gentilhomme.

(*Il fort.*)

____

(*) Place où l'on vend les meubles par autorité de juftice.

SCÈNE XIV.

LE MARQUIS, *seul.*

AH ! drôle , par mes Gens , pour châtier ce ton ,
Je te ferai donner mille coups de bâtons.
Je fuis d'une fureur à tenir ces promeffes ;
Ayez donc des bontés après pour ces efpéces !
Je n'y comprends plus rien , le monde eft renverfé....
L'homme eft réellement quelquefois infenfé ,
En voilà déja trois , trois à qui je fais grace.
Mais d'où cela vient-il ? d'honneur ! ceci me paffe.
Ai-je été d'un abord trop doux , trop familier ?
Je le crains : car il faut mâter le roturier ;
Permettre tout au-plus , l'accès de l'anti-chambre...
Ah ! je vois , je n'avois que ma robe de chambre
Et mon bonnet de nuit. Vraiment ! je n'avois pas
Cet afpect impofant qui les range fi bas.
Il faut les étourdir , c'eft la bonne maniere.
On en fait ce qu'on veut après : à la premiere.
Je ne recevrai plus de pareils avortons ,
Sans avoir fur mon corps ma plaque & mes cordons.

SCÈNE XV.

LE MARQUIS, RICHARD.

LE MARQUIS.

RICHARD ! holà : Richard,

RICHARD.

Monfieur,

LE MARQUIS.

Arrivez vîte.
Eh bien ! vous m'expofez aux cris, à la pourfuite
De mes vils Créanciers, vous n'avez nul talent.
Vous fouffrez qu'un faquin, un drôle, un infolent
Vienne me relancer ? n'avez-vous pas de honte
De compromettre ainfi mon rang.

RICHARD.

Monfieur, fon compte...

LE MARQUIS.

Il devroit mille fois, être payé, faquin,
Si vous n'étiez un fot & peut-être un coquin.

RICHARD.

Daignez confidérer....

LE MARQUIS.

Quoi ! depuis deux années,
Que mes poffeffions vous font abandonnées,

Depuis

Depuis ma maladie enfin vous n'avez fu
Tirer aucun parti. . . .

RICHARD.

Monfieur, fi j'ai perçu
De vos terres. . . .

LE MARQUIS.

Non, non, écartons ces mifteres.
Je fais que vous n'avez rien perçu de mes terres,
Ou du moins peu de chofe ; à mon emprunt dernier
J'en cédai, j'en conviens, le produit tout entier
Au prêteur pour fix ans. Je parle d'autre chofe ;
Et quand, jufqu'à ce jour, vous n'auriez, je fuppofe,
Touché de mes Brevets que trente mille écus. . . .

RICHARD.

Trente mille ? & fur quoi les aurois-je perçus ?

LE MARQUIS, *avec chaleur & humeur.*

Comment ! fur quoi ? fur quoi ? le fat ! le fot ! le cuiftre !
Les trois Gouvernemens, que le dernier Miniftre
M'accorda dans un jour, n'eft-ce donc pas affez ?
N'avez-vous pas loué les glacis, les foffés ?
Taxé les jeux publics ? revendu ma marée ?
Impofé les marchés ? prêté mes droits d'entrée ?

RICHARD.

Le moyen. . . .

LE MARQUIS.

N'ai-je pas un droit de pot-de-vin,
Pour nommer aux emplois de Syndic, d'Echevin ?

C

Cinq à fix ont vaqué , j'en fuis fûr : bon apôtre !
Combien les avez-vous vendus, l'un portant l'autre ?

RICHARD.

Hélas ! fi vous faviez....

LE MARQUIS.

> Vous êtes un fripon.

RICHARD.

Si vous ne voulez pas...

LE MARQUIS, *plus agité.*

> Parce que je fuis bon ;
Monfieur vole , me ronge , oui, c'eft une fang-fue.
Il a tout le profit , moi le mal : je me tue
A guetter les emplois , à courir les bureaux
Dès qu'un pofte eft vaquant je creve mes chevaux;
Et je n'en fuis pas mieux. Ah ! votre efprit fe forge...

RICHARD.

Ecoutez feulement....

LE MARQUIS.

> Fripon ! vous rendrez gorge ;
Et je vous apprendrai...

RICHARD.

> Mais, Monfieur le Marquis...

LE MARQUIS, *en s'en allant.*

Vous faprez ce que c'eft que des biens mal acquis.

Fin du premier Acte.

ACTE II.

SCÈNE PREMIERE.
LE MARQUIS, RICHARD.

LE MARQUIS.

Eh bien ! mon Médecin, vient-il ?

RICHARD.

Dans la minute.

LE MARQUIS.

Je vais dans un seul mot terminer la dispute,
Et je prétends sortir avant la fin du jour.
Ne vient-il pas d'entrer à l'instant dans ma cour,
Un carrosse ? voyez ;

RICHARD, *regardant à la fenêtre.*

Madame votre fille,
La Chanoinesse.

LE MARQUIS.

Ah ! ah !

RICHARD.

Je la vois à la grille.

LE MARQUIS.

Faites-la moi monter. (*Richard sort.*)

SCÈNE II.

LE MARQUIS, *seul.*

Je vais être éclairci
De ce tiſſu d'horreurs qu'on me débite ici....
Non, je ne reviens point de l'excès d'inſolence
De ce Gautier, qui vient..., D'honneur! lorſque j'y penſe,
Je ne peux ſur ce point redouter un danger.
Si je n'avois mon rang & mon nom à venger,
Je n'en ferois que rire : & mes pareils, je jure,
Que je veux réjouir d'une telle aventure,
Quand le pere & l'amant feront tous deux coffrés,
Vont partir d'un éclat, aux récits préparés
Des bourgeoiſes amours dont les Gautiers m'honorent;
Mais il n'eſt pas décent que ces drôles ignorent,
Qu'on ne s'adreſſe point, quand on ſait s'eſtimer,
A des gens tels que nous, lorſque l'on veut aimer.

SCÈNE III.
LE MARQUIS, MATHILDE.

MATHILDE, *accourant.*

Mon pere ! à vous revoir que ma joie eſt extrême !

Le Marquis.

Eloignez-vous de moi,

MATHILDE.

Moi, mon pere?

LE MARQUIS.

Vous même.

MATHILDE.

Quoi! depuis fi long-tems abfente de vos yeux,
Je n'ai pas fatisfait ce défir précieux,
De ferrer fur mon cœur un pere que j'adore;
Je vous vois & vos bras me repouffent encore!

LE MARQUIS.

N'avez-vous pas de honte, opprobre de mon fang,
D'avilir à ce point l'éclat de votre rang?

MATHILDE.

De quoi me parlez-vous, vous me glacez de crainte.
J'ignore le fujet d'une pareille plainte.
Mon cœur eft fans reproche.

LE MARQUIS.

Ecouter, accueillir
Un homme du néant, n'eft-ce pas s'avilir?
Comment avez-vous eu le baffeffe & l'audace
De fouffrir... qu'il ôfat vous regarder en face?
Oublier fa naiffance & négliger fes droits!

MATHILDE.

C'eft de Monfieur Gautier que vous parlez, je crois?

LE MARQUIS, *furieux*.

Monfieur Gautier!... Monfieur!... Je veux le faire pendre.

MATHILDE..

Mon pere, calmez-vous, je vais tout vous apprendre.
Mon cœur eſt pur ſans doute, & l'honneur le conduit.
Un ſoir, dans mon Couvent, des Brigands, à grand bruit,
Viennent le fer en main pour en briſer la porte.
Soudains pour les chaſſer, il arrive une eſcorte
De Citoyens armés, dont les nobles ſecours
De nous toutes hélas ! conſerverent les jours.
C'étoit Monſieur Gautier....

LE MARQUIS, *fortement.*

Point de Monſieur,

MATHILDE.

Mon pere,

LE MARQUIS.

Point de Monſieur, vous dis-je,

MATHILDE, *avec douceur.*

Eh bien ! il faut vous plaire.
Gautier donc commandoit ces hommes généreux.
A la faveur du trouble & du déſordre affreux,
Qui rempliſſoit alors la maiſon alarmée,
Il me vit, & je crois que ſans être blâmée,
Je puis faire l'aveu que dès le premier jour,
Je lus dans ſes regards ſes vœux & ſon amour.

LE MARQUIS.

Son amour ! l'inſolent !....

MATHILDE.

Je n'oſerai pourſuivre.

LE MARQUIS.

Pourſuivez, je le veux... Cet homme étoit donc ivre.

MATHILDE, ſouriant.

De la plus grande Dame, un homme peut enfin
Etre fort amoureux, ſans être pris de vin.

LE MARQUIS, en colere.

Comment ! vous l'excuſez ?

MATHILDE.

   Monſieur, ſi la colere
S'empare ainſi de vous, ſi j'ai pu vous déplaire
Par le peu que j'ai dit, il eſt de mon devoir
De taire ce qui reſte à vous faire ſavoir.

LE MARQUIS, de même.

Comment ! aimeriez-vous ce faquin ?

MATHILDE, avec fermeté.

   Oui, je l'aime.
Pardonnez cet aveu, je le dois à moi-même.
Si je dois vous entendre encore l'outrager,
Je cauſe cet outrage & dois le partager.

LE MARQUIS, hors de lui, furieux & trépignant.

Ouf... Je ne ſais comment de cet énorme crime
Vous n'êtes pas déja la premiere victime...
Je ne me connois plus. (Il court égaré.)

MATHILDE.

Mon pere !

LE MARQUIS, *en délire.*

>>>>> Horreur des Grands,

A moi la Cour!

>> MATHILDE, *le suivant.*

>> Mon pere!....

>> LE MARQUIS, *de même.*

>>>> A moi, les Parlemens.

>> MATHILDE.

Ah, Monſieur!....

>> LE MARQUIS, *de même.*

>> C'eſt un rapt.

>> MATHILDE.

>>> Ecoutez votre fille! ....

> LE MARQUIS, *en convulſion.*

Des Lettres-de-cachet! des Exempts! la Baſtille!...
Je ſuccombe à ma honte. (*Il tombe dans un fauteuil.*)

>> MATHILDE.

>> Ah! Monſieur, modérez
Ces excès de douleur, vous me déſeſpérez.
Soumiſe aux tems, aux Loix, à la raiſon fidele,
Je n'ai pas dû m'attendre à me voir criminelle,
D'éprouver de l'amour, lorſqu'avec ma vertu,
L'Hymen mettra d'accord mon cœur.

>> LE MARQUIS.

>>> L'eſpere-tu?
Moi ſouffrir de tels nœuds! ma fille êtes-vous folle?
(*Il ſe leve.*)
Mathilde d'Apremine! à quelle indigne école

Avez-vous donc appris que vous pourriez jamais
Epoufer un Bourgeois, un roturier ?

MATHILDE.

Eh ! mais !...
Vous me furprenez fort ; car....

LE MARQUIS.

Une Chanoineffe !

MATHILDE.

Il n'en eft plus, mon pere, une Loi très-expreffe
Les réduit à rien, & vous le favez....

LE MARQUIS.

Comment !

MATHILDE.

Rien n'eft plus vrai.

LE MARQUIS.

Bah ! bah ! nouvelle de Couvent!
Je ne m'arrête point à cette folle excufe.

MATHILDE.

Je n'employai jamais le menfonge & la rufe,
Et puifque vous favez, fans doute mieux que moi,
Quel eft, en mon état, l'avenir que je voi,
Vous diffimulez-vous les chagrins d'une fille,
Ifolée à jamais & prefque fans famille ?
Vos biens font obérés, vous avez trop d'enfans,
Pour pouvoir me trouver un époux chez les Grands.

LE MARQUIS.

Mais je le fais fort bien ; mais auffi mon envie,
Mes ordres abfolus, font que toute la vie

Vous restiez fille. Ah ! ah ! vous voulez un mari ?

M A T H I L D E.

Les sentimens d'honneur dont mon cœur s'est nourri
Me disent....

L E M A R Q U I S.

J'entends bien. Vous n'êtes pas un ange.
Mais on garde son nom .... sa noblesse... on s'arrange.

M A T H I L D E, *avec une noble pudeur.*

Je ne vous entends pas, Monsieur, & sans vouloir
Vous manquer de respect, ni trahir mon devoir,
Je vous dévoilerai mon ame toute entiere.
Je suis d'un sang très–noble, il est vrai, la premiere
Je veux en conserver l'éclat qui m'est échu,
En restant vraiment noble à force de vertu.
Nul bisarre désir n'occupe ma pensée :
J'ai l'esprit sans fierté, mais l'ame bien placée ;
Mon cœur est né sensible, & plus j'approfondis
Ses goûts & ses penchans, & moins, je vous le dis,
Moins je me reconnois la force & le courage
De braver la nature, ou de lui faire outrage.
L'état infortuné dans lequel, sans détours,
Mon pere me condamne à consumer mes jours,
Est un état affreux. Je n'y vois, sans rien feindre,
Que dangers à courir & que vices à craindre,
Que combats éternels, ou honte à supporter,
Rien à se rendre cher, & tout à détester.
Un sort bien différent s'offre à mon espérance,
Dans la douce union, Monsieur, qui vous offense,
Quand l'honneur, la raison y rassemblent deux cœurs,
Et qu'on y porte enfin de l'amour & des mœurs.

LE MARQUIS, *impatienté.*

Il faut que je....

MATHILDE, *vivement.*

Mon pere, un mot encor de grace.
Un homme, à dire vrai, non pas d'illuſtre race,
Mais du ſang le plus pur, vraiment homme de bien,
Jeune, bien fait, aimable & parfait Citoyen,
A ſu toucher mon cœur ; j'aime & je ſuis aimée,
Si d'un pareil hymen votre ame eſt alarmée,
Que ma ſécurité ſoit pour vous le garant
Du bonheur de l'épouſe & du cœur de l'amant.
Je ne profite point du pénible avantage
De ces droits bien récens, que je tiens de mon âge,
Pour arracher d'un pere un aveu des plus doux ;
J'ai l'eſpoir conſolant d'obtenir tout de vous ;
Vous y réfléchirez, mon pere, & votre fille
Sera toujours comptée au ſein de ſa famille. (*Elle ſort.*)

SCÈNE IV.

LE MARQUIS, *ſeul.*

JE ne ſais où j'en ſuis. Je n'y comprends plus rien...
Mais du ſang le plus pur !... Un parfait Citoyen !...
Quel jargon eſt-ce-là ?... Sa tête eſt dérangée :
C'eſt un roman complet. J'avois l'ame affligée
D'abord de tout ceci ; mais je dois préſumer
Que ce n'eſt qu'une folle à faire renfermer,
Et quelque ſcélérat à mettre à la baſtille,
Pour avoir adoré ma romaneſque fille.

Ah ! je vous apprendrai, Citoyen doucereux,
Si d'une Chanoineffe on devient amoureux.

SCÈNE V.

LE MARQUIS, LE MÉDECIN.

LE MÉDECIN, *gaiement.*

MES très-humbles devoirs à Monfieur d'Apremine.

LE MARQUIS, *grommelant.*

Bon jour, bon jour, Docteur.

LE MÉDECIN.

Qu'eft-ce qui vous chagrine ?

LE MARQUIS.

Des drôles, des faquins, qui femblent aujourd'hui
S'être donné le mot pour caufer mon ennui,
Pour me faire enrager ; on me manque.

LE MÉDECIN, *riant.*

Je penfe
Que ce n'eft pas leur faute, & c'eft votre imprudence
Qui caufe tout cela. (*Il rit encore.*)

LE MARQUIS, *furpris.*

Quoi, Docteur, voulez-vous
Me manquer auffi ?

LE MÉDECIN.

Moi ? mon cher Monfieur, tout doux.

Je vous avois prescrit de demeurer tranquille ;
Vous ne le voulez pas ? hé bien, courez la ville ;
A force de chagrin, de contradiction,
Vous connoîtrez à fond la révolution.

LE MARQUIS.

Qu'est-ce donc que cela ?

LE MÉDECIN.

     C'est l'effet légitime
Des droits de la nature & de l'excès du crime.

LE MARQUIS.

Je ne vous entends pas, expliquez-moi. . . .

LE MÉDECIN.

       Je dis,
Car pour rendre à la fois tous vos sens étourdis,
Si vous ignorez tout il faut tout vous apprendre.
 (*Plus haut.*)
Je dis qu'à la raison il est tems de se rendre.
Tout l'état est changé, les hommes sont égaux ;
Il n'est plus de Seigneurs, il n'est plus de vassaux.
Les Parlemens sont morts, le haut Clergé de même ;
L'armée a pris parti pour cette Loi suprême ;
Le Roi d'accord de tout de nos cœurs s'est saisi,
Et c'est un pere enfin que nous avons choisi.

LE MARQUIS, *stupéfait.*

Docteur, avez-vous donc la cervelle troublée ?
Qui vous a dit cela, s'il vous plaît...

LE MÉDECIN.
L'ASSEMBLÉE

NATIONALE ; ou bien, en des termes égaux,
Et fi vous l'aimez mieux, les Etats-Généraux.

LE MARQUIS, *reculant d'épouvante.*

Comment ! ils font fur pied ?

LE MÉDECIN.

Oui, Monfieur, pour la vie,
C'eft-à-dire, à jamais. Si vous avez l'envie
De voir à ce Sénat prononcer un Décret,
Vous n'avez qu'à venir, je vous offre un billet.

LE MARQUIS, *ébahi.*

Un billet.

LE MÉDECIN.

Oui, fans doute, un bon, que la fortune
Me donne, pour vous faire affeoir dans la tribune ;
J'en ai deux à propos, un pour vous, un pour moi.
Et vous avez raifon, fans trop favoir pourquoi,
De refter étonné que pour voir fes affaires,
Il faille au Citoyen de tels préliminaires.
C'eft un dernier abus, une chicane enfin
Qu'enfante un peu d'humeur, mais cela n'eft pas fin.
Nous aurons un local, quand nous ferons plus riches
Qui nous garantira de ces petites niches.

LE MARQUIS, *d'étonnement en étonnement.*

Quoi ! me dites-vous vrai ? quoi même fous nos yeux...
Savez-vous que ceci devient fort férieux,
Docteur ?

LE MÉDECIN.

Très-férieux.

Le Marquis.

Comment ! toute la France
S'eſt conduite, Docteur, avec cette imprudence ?

Le Médecin.

Oui, Monſieur, les François ſont toujours étourdis,
Et la choſe eſt vraiment comme je vous le dis.

Le Marquis.

Mais à ce compte-là, ſi l'on nous tend ces piéges,
Nous allons, nous Seigneurs, perdre nos priviléges.

Le Médecin.

Ils ſont perdus.

Le Marquis.

Alors que nous reſte-t-il ? Rien ?

Le Médecin.

Les droits ſacrés de l'homme & ceux du Citoyen.

Le Marquis.

Bel avoir que cela ! ſi rien ne l'accompagne.
Savez-vous bien que j'ai ſix terres en Bretagne ?

Le Médecin.

Vous les avez toujours ; mais plus, plus de rançon ;
Vous n'y perdez, je crois, Monſieur, que la façon.

Le Marquis, *furieux.*

Oh bien ! moi je proteſte & j'en trouverai d'autres
Qui du droit féodal ſe rendront les apôtres.

(*Il retrouſſe ſa robe-de-chambre & ſe campe d'une maniere chevalereſque, en s'agitant dans l'attitude d'un Général d'armée tel qu'on les peint ſur les portraits de famille.*)

D'où vient que tous les Grands ne fe font pas armés.
Pour foutenir l'honneur des nobles opprimés.

LE MÉDECIN.

Ce n'eft point leur honneur que l'on attaque. Au refte
Quelques-uns ont tenté cet armement funefte.
Ne leur en veuillez pas ; exceptez feulement
Le bon fens , la vigueur, l'efprit & le talent ,
Ils ont tout employé ; s'ils ont compté fans l'hôte ,
Dit le peuple , croyez que ce n'eft par leur faute.

LE MARQUIS , *confondu de furprife.*

Ils fe font armés !... quoi! le peuple, à cet afpect ,
N'a pas été tremblant & faifi de refpect ?

LE MÉDECIN.

Pas du tout. Et voilà d'où vient votre infortune.
Les Citoyens rangés dans la claffe commune ,
Vous les avez toujours crus des fots fans vigueur ;
Vous avez conftamment pris l'orgueil pour du cœur.
Ce qui n'étoit point vous , fans nulle différence ,
Vous l'avez méprifé , jufques à l'indécence.
Selon vous & toujours vous l'avez dit fans fard ,
L'artifte étoit un fou , l'écrivain un bavard ;
Le laboureur un ferf à refter dans l'entrave ;
L'artifan , un valet ; le foldat , un efclave ;
L'obfervateur profond & muet devant vous ,
Un ftupide à berner , un fpectateur jaloux ;
Le Marchand , un faquin , s'il offroit fa requête ;
Le pauvre , un importun ; tout ce peuple , une bête.
Pour vous plaire il falloit ne jamais rien ofer ,
Vous prêter de l'argent , ou bien vous amufer.

LE MARQUIS,

Le Marquis, *avec une naïve colere.*

Avions-nous tort, Docteur, à votre avis ?

Le Médecin.

Je trouve
Que vous penfiez fort mal ; le peuple vous le prouve ;
Car il vous a battus : s'il n'eût été qu'un fot,
Il eût pris cette fois vos Avocats au mot.
Il a plaidé fa caufe & l'a fort bien plaidée.

Le Marquis.

Comment ?

Le Médecin.

Les uns voyant la parole accordée,
On écrit nos raifons ; vous n'avez répondu
Que par des préjugés, & c'étoit tems perdu.
Quelques autres, doués d'une mâle éloquence,
A vos petits crieurs ont impofé filence ;
Et les autres enfin, du fer national
Ont chaffé les tyrans tant à pied qu'à cheval ;
Grands & petits Suppôts, bien loin de leurs demeures.
Vous favez la Baftille ? ils l'ont prife en deux heures.
Sous l'œil du Defpotifme alors épouvanté,
Promenant l'étendard de la néceffité,
Précédés de la peur, qui fuyant hors de France,
Y frappoit en paffant plus d'une confcience,
Ils ont, en quatre jours, par un trait folemnel,
Sans commettre aucun mal, fait un bien éternel.

Le Marquis, *abafourdi.*

Que m'apprenez-vous-là ? quel accident étrange !

Le Médecin.

Il eft fâcheux pour vous, je fens qu'il vous dérange,
D

LE MARQUIS, *furieux.*

Et vous l'approuvez, vous ?

LE MÉDECIN.

Très-fort.

LE MARQUIS.

Est-il permis !
Quoi ! juqu'aux Médecins qui sont nos ennemis !

LE MÉDECIN.

Très-permis, je vous jure. Et notre Roi lui-même
En témoigne à nos yeux une allégresse extrême.

LE MARQUIS, *outré.*

Mais vous n'y pensez pas, il perd tout son pouvoir.

LE MÉDECIN.

C'est ce que vos amis voudroient lui faire voir :
C'est où je vous attends, & voilà la matiere
Sur laquelle il vous faut une pleine lumiere.

LE MARQUIS.

Vous êtes fort adroit, mais pas encore assez
Pour me prouver...

LE MÉDECIN.

Je veux, puisque vous me pressez,
Démontrer, qu'en dépit d'une fausse maxime,
Le Roi n'a pas perdu son pouvoir légitime.

LE MARQUIS.

Mais légitime, ou non... je m'entends ; son pouvoir.

LE MÉDECIN.

Et quel eſt, ſelon vous, celui qu'il doit avoir?

LE MARQUIS.

Plaiſante queſtion!

LE MÉDECIN.

Mais encor?

LE MARQUIS.

C'eſt de faire
En tout, comme par-tout, tout ce qui peut lui plaire.

LE MÉDECIN.

Faire tout ce qui plaît! voilà la liberté.

LE MARQUIS.

Juſtement.

LE MÉDECIN.

Ainſi donc chacun de ſon côté
En pourra faire aurant pour garder l'équilibre.

LE MARQUIS.

Non pas, non pas.

LE MÉDECIN.

Le Roi ſera donc le ſeul libre?

LE MARQUIS.

Je ne dis pas cela... non... il faut...?

LE MÉDECIN.

Que faut-il?

Le Marquis, *cherchant à répondre & ne le pouvant.*

Oh ! vous m'embarraffez ; vous êtes trop fubtil.

Le Médecin.

Non. Je fuis feulement ce que chacun doit être,
Raifonnable. Je dis qu'il ne nous faut qu'un maître,
Egal, invariable, intégre : c'eft la *Loi.*
Et pour l'exécuter au nôm de tous, un *Roi.*

Le Marquis.

D'accord. Mais cette Loi, c'eft au Roi feul, je penfe,
A la faire....

Le Médecin.

Non pas. Voilà la différence :
Car s'il faifoit les Loix qu'il exécuteroit,
Il pourroit faire alots tout ce qui lui plairoit ;
Lui feul donc feroit libre & fans aucune entrave ;
Et c'eft la nation qui feroit feule efclave ;
Or ce feroit vraiment trop de difparité.
Rien n'eft plus clair, je crois, que cette vérité.
Nous faifons donc les Loix, le Roi les exécute ;
Et s'il faut franchement terminer la difpute,
Dites : eft-ce pour eux qu'on avoit à nos Rois
Appris l'art des Tyrans & le mépris des Loix ?
Quel bien leur revenoit du defpotifme horrible,
Qu'exerçoit en leur nom cette ligue terrible
De Miniftres, de Grands très-divifés entr'eux,
Mais conftamment unis en un point défaftreux,
Dans l'infâme projet de dévorer la France ?
Ceux-ci profitoient feuls d'une injufte puiffance ;
Et le crédule Roi, chargé de leurs forfaits,

Comptoit leurs crimes propres au rang de ſes bienfaits.
Tour à tour élevés au timon des affaires ,
De ce poſte chaſſés l'un par l'autre en faux-freres,
Ils n'en gardoient pas moins le tacite ſerment,
De maintenir le Prince en ſon aveuglement,
Et de faire ſervir à leurs ſourdes baſſeſſes ,
Bien ſouvent ſes vertus & toujours ſes foibleſſes.
Leur ligue même encor préparoit de plus loin.
Le moyen d'écarter tout dangereux témoin ;
Sous les pas de nos Rois, pour mieux creuſer l'abîme ,
C'eſt juſqu'en ſon berceau qu'ils choyoient la victime.
L'erreur, les préjugés & l'orgueil triomphant,
Pas à pas dans le cœur de tout royal enfant ,
Entroient avec calcul ; & par cette ſémence ,
Mêlant leurs paſſions avec ſon innocence ,
Ils formoient un eſclave à lui-même inconnu ,
Pour régner à ſa place & tromper ſa vertu.
Mais pour le jour préſent, la Providence auguſte ,
Nous a voulu garder, malgré vous, un Roi juſte ,
Un Roi bon. Que ne peut un heureux naturel !
N'allez pas m'accuſer du talent criminel
De flatter lâchement le Monarque qu'on aime ;
S'il n'étoit pas aimé , je le dirois de même.
Mais un fait bien réel , c'eſt que dans tout l'état ,
Il n'eſt pas un François juſques au plus ingrat ,
Qui ne reſte d'accord que ſans ce Prince ſage ,
Le vaiſſeau de l'état alloit faire naufrage ;
Lui ſeul a réſiſté , lui ſeul aux vils projets ,
De verſer notre ſang & de troubler la paix.
Il a fort bien ſenti les piéges des perfides ;
Il a ſenti nos cœurs de ſon amour avides ;
Il s'en eſt rapproché , non pas avec effort ,

Ainſi que le prétend un parti déja mort,
Mais de toute ſon ame, & ſi quelque prudence
A dirigé ſes pas en cette circonſtance,
C'eſt que craignant les coups de ſes propres tyrans,
Il s'eſt venu jetter au ſein de ſes enfans.

LE MARQUIS *accablé, tombe dans un fauteuil.*

Ah ! Docteur ! ç'en eſt fait.

LE MÉDECIN.

Qu'avez-vous ?

LE MARQUIS.

Quel abîme !
Que le Roi de ſon peuple ait l'amour & l'eſtime,
A la bonne-heure. Mais ſi ce Prince en ce jour
Accorde ſon eſtime au peuple & ſon amour,
Les Grands ſont abattus ; ils ſont morts !

LE MÉDECIN.

C'eſt dommage.
Eh bien !...

LE MARQUIS, *ſe levant furieux.*

Et vous croyez conſerver l'avantage ?
Vous imaginez-vous que nous ſommes battus,
De ſorte à ne pouvoir reprendre le deſſus ?
Ne vous en flattez pas, aſcendant éphémère !

LE MÉDECIN.

Voilà de vos pareils juſtement la chimère.
Nous ne vous craignons pas, & tout homme ſenſé
Voit fort bien à quel point la lumiere a percé.

LE MARQUIS, *ricannant de colere.*

La lumiere !... ah ! vraiment, le peuple eſt un prodige,
Juſqu'à mon cordonnier, tout eſt ſavant, vous dis-je,
Ils vont connoître à fonds....

LE MÉDECIN.

Mais, Monſieur le Marquis,
Dans l'homme, le ſavoir ne fut jamais requis
Pour défendre les droits, la Liberté de l'homme;
Le groſſier Citoyen étoit libre dans Rome.
Il ſuffit aux François, pour être corrigés,
Non pas d'être ſavants, mais loin des préjugés.
C'eſt une affaire faite ; & vous ſavez peut-être
Qu'il faut mille ans & plus pour les faire renaître.
Dans notre état nouveau tout ſera-t-il parfait ?
Non , bien certainement, & je ſais en effet ,
Que de vingt bonnes Loix, dix au moins ſont perdues ,
Dès·lors qu'on les applique à des mœurs corrompues.
C'eſt l'affaire du tems , & nos petits neveux ,
Si nous tenons le bien profiteront du mieux.
Au reſte tout eſt dit, & perdez l'eſpérance ,
De revoir de vos jours le deſpotiſme en France.
Il eſt un argument, dont mes yeux ſont charmés ,
Ce ſont trois millions de Citoyens armés ;
Qu'on ne pourra jamais diviſer ni corrompre ,
Que le globe en entier ne peut battre ni rompre ,
Qui veulent conſerver leur Liberté , leur bien ,
Qui ne mourront jamais & qui ne coûtent rien.

LE MARQUIS , *hors de lui & trépignant le long de ſa chambre.*

Finirez-vous, Docteur, cette ſotte bravade ?
Vous êtes Médecin & me rendez malade.

Dites-moi des raisons qui me faſſent plaiſir.

LE MÉDECIN.

Il eſt paſſé le tems où chacun à loiſir,
Déguiſoit finement l'effet de chaque cauſe,
Selon que vous vouliez que ſe paſſât la choſe.
Vous étiez ſéparés de tout l'état alors,
Vous êtes, malgré vous, rentrés dans ce grand corps.
Vous y voilà ; roulez avec l'eſpéce humaine,
Prenez-y votre part de plaiſir & de peine,
Et ne redoutez plus, autant qu'il ſe pourra,
La vérité, ma foi, car on vous la dira.

SCÉNE VI.

LE MARQUIS , LE MÉDECIN , LE LAQUAIS.

LE LAQUAIS, donnant la Lettre au Marquis.

UNE Lettre, Monſieur, qu'à l'inſtant on apporte.

{ Le Marquis prend la lettre, fait ſigne au Laquais de
ſe retirer & ouvre la Lettre. Le Laquais ſort.

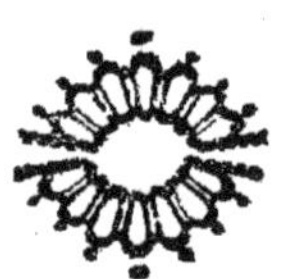

SCÈNE VII.
LE MARQUIS, LE MÉDECIN.

LE MARQUIS.

C'EST de mon Procureur, Monsieur de Laretorte.
(*Il lit.*)

» Monsieur le Marquis, comme vous n'êtes plus
» visible depuis fort long-tems, celle-ci est pour vous
» apprendre que le sieur Bertrand votre Créancier,
» va faire procéder à la saisie de tous vos biens &
» meubles, en vertu d'une sentence. Cet homme ne
» veut rien entendre & la séquestration est inévita-
» ble. Je suis, &c.

Mes biens seroient saisis ? ... cela ne se peut pas.

LE MÉDECIN.

La Justice est debout, les protecteurs à bas.

LE MARQUIS.

Oh ! le sot Procureur de ne savoir répondre
A des sots Créanciers.

LE MÉDECIN, *riant.*

Il ne faut pas confondre.
Ce qu'on pouvoit jadis, se peut moins aujourd'hui.

SCÈNE VIII.

LE MARQUIS , LE MÉDECIN., Un HUISSIER.

L'HUISSIER, *au Marquis avec de grands saluts.*

Monsieur m'excusera, si j'ose devant lui
Me présenter...

LE MARQUIS, *avec dédain.*

Eh bien ! qu'est-ce ?

L'HUISSIER, *remettant un exploit.*

Je donne
Cet exploit à Monsieur, parlant à sa personne.

LE MARQUIS.

Un exploit ! à moi-même ?

L'HUISSIER.

Avec commandement
De payer en mes mains, & très exactement.

LE MARQUIS, *furieux.*

Un Huissier devant moi! dans mon hôtel !...

L'HUISSIER.

Je n'use
Que de ma qualité, je vous demande excuse.
C'est à Monsieur Bertrand, pour qui je suis porteur,
Qu'il faut s'en prendre, & non à votre serviteur.

LE MARQUIS, *hors de lui.*

Attends, maraud ! attends, mes gens vont t'éconduire
De la bonne façon. (*Il va à la porte.*)

LE MÉDECIN, *retenant le Marquis.*

Gardez-vous de lui nuire.
Vous prétendez envain lui faire quelque affront ;
Et vos gens à coup fûr vous défobéiront.

L'HUISSIER, *faluant.*

Je fors avec refpeſt. (*Il s'en va.*)

LE MARQUIS, *fe retournant avec amertume vers le Médecin.*

Voilà de vos merveilles :
On ne peut aux Huiffiers couper les deux oreilles.

SCENE IX.

LES PRÉCÉDENS, GAUTIER, *pere.*

GAUTIER, *gaiement.*

JE reviens de nouveau, chez Monfieur le Marquis.
Je n'ai point de rancune, & mes droits font acquis.
Pour lui prouver la foi qu'on doit à ma parole.

LE MARQUIS, *avec hauteur.*

Monfieur Gautier ! j'ai cru....

GAUTIER.

Mon afpeſt vous défole,

Je le vois, je le fens & j'en fais la raifon.
Mais deux fois en un jour, fi dans votre maifon,
Je prends la liberté de me donner carriere,
Ma feconde vifite excufe la premiere.
Ecoutez-moi de grace, & quand j'aurai tout dit,
Témoignez de la joie ou montrez du dépit,
Vous en ferez le maître : & comme je ne gêne
L'accueil, ni le mépris, l'amitié ni la haine,
Vous voudrez trouver bon felon notre marché
Que je refte bien-aife ou m'en aille fâché?

LE MÉDECIN.

Monfieur, dit de bon fens.

GAUTIER.

    C'eft toujours ma coutume;
Et je vais le prouver ; du moins je le préfume.
Votre fille & mon fils, par un accord heureux,
Se trouvent fans retour l'un de l'autre amoureux....

LE MARQUIS, avec dépit.

Docteur, vous l'entendez ?

LE MÉDECIN.

    Il s'explique à merveille.

GAUTIER, continuant.

Je prends le vrai parti que la raifon confeille.
Je veux les marier, vous ne le voulez pas.
Comment fortirons-nous d'un pareil embarras ?
Vous êtes de la Cour & moi de la campagne,
La nobleffe vous fuit ; l'honneur feul m'accompagne ;
Mais vous n'êtes pas riche & j'ai beaucoup de bien;
Vos dettes font en nombre & moi je ne dois rien.

La balance entre nous, eſt pour le moins égale.
Mais certaine aventure heureuſe, originale,
S'il reſtoit entre nous de l'inégalité,
Peut mettre l'avantage enfin de mon côté.
Bref, un Monſieur Bertrand tétu de ſa nature,
Et votre Créancier, ſans vous faire une injure,
Me trouve par hazard, & peſtant contre vous,
Me conte par humeur, l'objet de ſon courroux :
Votre nom me réveille, & je vois tout propice
Pour vous rendre à la hâte un ſignalé ſervice;
J'achete ſa créance. Il étoit tems, je crois.
N'eſt-il pas plus heureux d'avoir affaire à moi?
Puiſque loin de ſaiſir vos biens, votre caroſſe,
Les deux cent mille francs ſont un préſent de noces
Que je donne à ma Brû... quand elle le ſera.
(*S'inclinant.*) Si cela vous convient, Monſieur me le dira.

LE MÉDECIN.

Mais c'eſt un marché d'or.

LE MARQUIS.

Qui moi? donner ma fille?...

GAUTIER.

Attendez. Conſultez. J'ajoute une apoſtille.
Mon fils eſt aſſez riche, & ne veut point de dot.
L'amour ſeul, à l'amour va ſuffire en un mot.
Qui ne demande rien, & veut payer vos dettes,
N'exige pas, je crois, des choſes indiſcrettes?
Mais ſi vous refuſez de conclure à ce prix,
Je ne pourrai douter de ce profond mépris,
Dont il vous conviendroit de payer ma demande:
Et comme à mon avis l'inſulte ſeroit grande,

Je vous crois raisonnable assez pour espérer,
Que sans la moindre grace & sans délibérer,
Exempt d'une pitié, pour vous humiliante,
Je vous ferai payer en espece sonnantê
Les deux cent mille francs que j'ai duement acquis.
(*Il s'incline.*) J'attends la volonté de Monsieur le Marquis.

LE MARQUIS, un peu ébranlé.

Mais comme il est pressant, Docteur, que vous en semble,
N'est-il pas singulier ?...

LE MÉDECIN.

De marier ensemble
Deux amoureux ? mais non, la noblesse en ce jour
N'est pas ce qu'on vous paye au moins.

LE MARQUIS.

Qui donc ?

LE MÉDECIN.

L'amour.
Oui l'amour. La noblesse ! elle n'est plus de mode,
Et de tous les fardeaux, c'est le plus incommode
Aujourd'hui. Signez donc, vous gagnez vos dépens,
Un embarras de moins, & d'honnêtes parens.

LE MARQUIS, se laissant aller.

Ils sont tous contre moi.

LE MÉDECIN, à Gautier.

Monsieur veut bien pour gendre
Accepter votre fils. Courez, allez le prendre.

GAUTIER, appellant.

Mon fils, approchez-vous.

SCÈNE X, *& derniere.*

LES PRÉCÉDENS, MATHILDE, GAUTIER, fils, *en uniforme de Commandant de Bataillon de la Garde Nationale Parisienne.*

GAUTIER, *pere, à son fils.*

Monsieur vous fait l'honneur
De vous donner sa fille.

GAUTIER, *fils.*

Il comble mon bonheur.
(*Au Marquis.*)
Ah ! par l'objet charmant, qui fait mon espérance ,
Jugez, jugez, Monsieur, de ma reconnoiffance.

MATHILDE, *à son pere.*

Que de bonté, mon pere ! & qu'il va m'être doux
De rendre heureux l'amant que je reçois de vous,

LE MARQUIS, *qui a été & est tout étourdi du oftume de Gautier fils.*

Que vois je ? quoi ! c'est là l'époux qu'on me propofe ,
Il est donc Colonel ?

GAUTIER, *pere.*

Oui, c'est la même chofe,

LE MARQUIS, *riant déja.*

Vous ne m'en difiez rien, il est donc préfenté ?

G A U T I E R , *fils.*

Oui, chaque jour, à l'une & l'autre Majesté ;
Et mieux vu chaque jour.

LE MARQUIS, *content.*

Oh ! c'est une autre affaire ;
Cet hymen en ce cas ne peut plus me déplaire.

G A U T I E R , *pere, en remettant le contrat de la dette
au Marquis & l'embraffant.*

Puifque tout eft conclu, mon compere à préfent,
Vous voudrez accepter ce modique préfent.

M A T H I L D E , *ôtant une Cocarde Nationale de fon bufc &
la préfentant à fon pere qui l'embraffe.*

Voici le mien ; de grace acceptez ma cocarde.

G A U T I E R , *fils, courant embraffer le Marquis & s'inclinant
après.*

Mon beau-pere !... demain vous monterez la Garde.

Fin du fecond & dernier Acte.